행복한 기도

지성 · 감성의 메타언어
조선문학시인선 · 353

행복한 기도

청봉 김 봉 렬 시집

조선문학사

■ 책머리에

시집 『행복한 기도』를 상재(上梓)하면서 시(詩)와 화(畵)에 대한 신령한 재능을 주신 하나님께 먼저 감사드립니다.

시(詩)라기보다는 줄글을 끊어놓은 것 같아 부끄러움을 무릅쓰고 제4 시집을 세상에 놓아봅니다.

읽어서 재미있고 새로운 이미지를 공급해주는 시는 가슴으로 쓰라고 가르칩니다. 생명의 숨소리가 주제를 표현하는 원동력이 되어 팔딱거리고 되짚어 다시 읽어보고 싶은 시가 시다운 시라고 말하고 있습니다.

대자연의 속삭임에 서로 상통하는 마음으로 깨달음을 얻는 시를 쓰고 싶습니다.

시문학의 대 선배님과 동료 시인들의 애정 어린 지도를 부탁드립니다. 끝으로 출판을 맡아주신 조선문학사 박진환 박사님께 깊은 감사를 드립니다.

2013년 10월 23일

청봉 김봉렬 삼가씀

행복한 기도 차례

제2부
미래의 꿈

제3부
추억

제4부
고향길

제5부
자연 관조

제6부
자기실현

제7부
시집평설

제1부

하늘 문

골고다의 언덕으로 향하는 그리스도

가상칠언(架上七言) · 1

※ L은 Lord의 약자. 주님 하나님 여호와.

가상칠언 · 2

……→ L1. 원수 사랑의 기도이고 주님의 말씀을 실천하심

……→ L2. 죄를 자백하고 회개하자
멸망받은 자 강도 게스타 구원받은 자 강도 디스마

……→ L3. 예수님은 돌아가시기 전 제자에게 어머님을 부탁하심
효도의 정성이 깊으심

……→ L4. 나의 하나님 나의 하나님 어찌하여 나를 버리시나이까?
예수님은 버림받은 대속의 제물이 되심으로 우리를 죄에서 자유롭게 하심

……→ L5. 목마름의 고통을 우리에게 영적 만족인 생수를 공급하시기 위함이시다

……→ L6. 대속하신 성업을 다 이루었다고 하심

……→ L7. 인간의 육체와 영혼 두 가지 요소로 만들어진 영혼의 출처는 하나님 영혼이 가는 곳은 천국임을 보여줌

※ 『예수님의 일생과 교훈』 (김덕역 목사 저 참조).

빛

빛의 존재
우리가 받은
가장 훌륭하고 값진
축복이다

빛이 없으면
생명이 존재할 수 없다
어둠이 죄의 상징이라면
빛은 거룩한 순결의 상징이다

하나님의 말씀도
빛으로 상징되고
“빛이 있으라!” 하시매
“빛이 있었고…”

빛은 낮
어두움은 밤
빛은 기쁨과 번영을
상징한다

빛은 하늘의 축복으로
적용하고
영적 기쁨을 상징한다

하나님은 빛에 거(居)하시며
빛으로 의복을 삼으시고

그리스도는 세상의 빛이시다
하나님을 의지하는 자
하늘의 축복이 내리신다

성령의 열매

시몬 베드로가
그 편지에서
성령의 9가지 열매 중에
"절제"의 열매를 맺도록
권유한 말씀

그러므로 너희가 더욱　　　베드로후서 1장 5, 6, 7장
힘써 믿으면 '덕'을
'덕'에는 '지식'을
'지식'에는 '절제'를
'절제'에는 '인내'를
'인내'에는 '경건'을
'경건'에는 '형제우애'를
'형제우애'에는 '사랑'을 공급하라

사랑의 열매에는
'사랑' '희락' '화평' '오래 참음'
자비 '양선(讓先)' '충성' '온유' '절제'
덕행의 결과를 말하고

성령의 은사는 덕행으로
이끄는 원리를 말하고 있다

일상생활에서 '절제'의 미덕을
잘 갖추어 가야할 것이다

※ 이상보 박사의 『행복한 삶』 중 「절제의 미덕」 참조.

피에타(Pieta)

회화 보티첼리 작 피에타※

기독교 미술에서
십자가에서 내린
그리스도의 시체를
무릎 위에 놓고 애도하는
막달라 마리아의 모습

그리스도가 매장되기 직전
애석한 장면을
'피에타'라고 한다

활같이 꼬부라져 축 늘어진
그리스도가 미끄러 떨어지려는 것을
막달라 마리아가 떠받치고
상심한 성모를 요한과 노녀(老女)가
부축해주고 있는 장면

바티칸 베드로 대성당의
미켈란젤로의 조각
높이 174cm 삼각형 구도

조각 미켈란젤로 작 피에타

15세기 미켈란젤로가
'피에타'의 전범(典範)을 세웠다

'피에타' 수세기를 거쳐
다양한 형태로
재해석 되어 왔다

조각으로 소설로 '피에타'는
한국문화 속에서 그 보폭을
상당히 넓혀 오고 있다

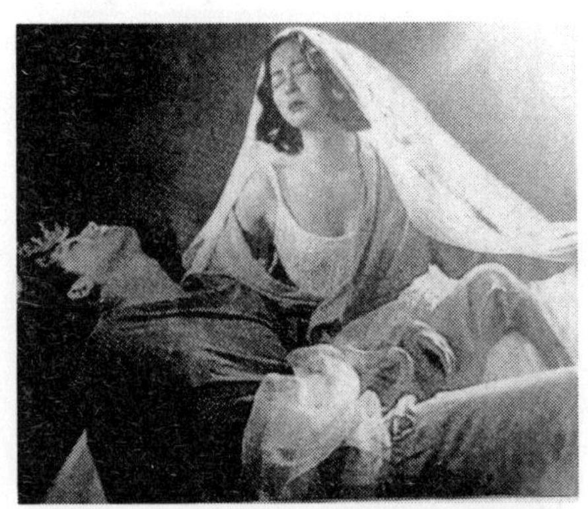

현대판 피에타
김기덕 감독 영화 포스터 이미지

'피에타'는 미켈란젤로에서
김기덕 감독까지
문화예술의 아이콘으로
우뚝 자리 잡았다

제69회 베네치아영화제에서
최고상 황금사자상을 받은
김기덕 감독
유럽인들에게 무한한
그리스도의 은혜와 사랑을
안겨주었으리라 믿는다

※ 보티첼리 작 110×207cm 1490~1500년경
독일 뮌헨 피나코틱 소장

골고다의 언덕

로마시대의 사형장
모두가 떠나버린 골고다의 언덕
주님은 홀로 그 무거운 십자가를
지시고 올라가셨습니다

연도의 수많은 군중의 환호성
그렇게 사랑하시던 제자들의 모습도
거기에는 없었습니다
머리에는 가시관 피땀으로 얼룩지신 얼굴
그 무거운 십자가들
지시고 올라가셨습니다

그러나 주님께서는
하나님께서 함께 하심을 믿고
마음의 흔들림 없이 십자가를
지시고 올라가셨습니다
하늘에는 이름 모를 희고 큰 새가
주님을 내려보고 있었습니다

이 세상 끝나는 날까지
"너희와 함께 하시리라"는
말씀 붙잡고 나가게 하옵소서
십자가를 붙들고 승리하는 삶이
되게 하옵소서

※ 골고다의 위치 : 사형이 집행되는 장소. 골고다는 예루살렘성 밖에 위치. 성에 가깝기 때문에 로마인들이 이곳에 사형집행 장소를 택했다(서용문 지음『어떻게 기도할까?』참조).

젊은 베드로의 어제와 오늘과 내일

기도의 영력이 부족하였으나
빌립보에서 위대한 신앙고백을 하고
주님에 대한 기도로 신앙이 회복되었다
"믿음의 마지막이 가까이 왔으니
그러므로 너희도 정신을 차리고 기도하라"

부활하신 예수님으로부터
"내 양을 먹이라"
"내 양을 치라"
"내 양을 먹이라"
세 번이나 내 양을 먹이라 하신 주님
어떤 분은 이는 어린이 · 청소년 · 청장년을
먹이라는 뜻으로 해석했다

네로황제의 대박해로 십자가에 거꾸로
못 박혀 죽은 것으로 전해짐(AD 64년경)
젊은 때는 열심히 헌신하다가
노년이 되어 주님을 위해 순교까지 하신 분

베드로※는 어떤 경우에도 예수님에 대한
사랑의 모습을 확인할 수 있었다

※ 로마 가톨릭교회의 설립자로 베드로 전·후서를 썼음 (『성경의 젊은이들』 김진택 지음 참조).

영혼의 어제와 오늘과 미래

육체에서 이탈한 영혼은
하늘나라에 오르거나
지옥에 떨어지기도 하며
천당에 들어가지 못한 영혼은
구천을 떠돌고 있는 것으로 믿어왔다
식물에도 영혼과 정령(精靈)이 있고

해와 달 그리고 비와 바람
천체의 자연현상
신령(神靈) 힘에 의하여 움직인다고 믿고
때로는 타협하고
때로는 복종하며 좋은 관계를 유지하면서
풍요로운 문명을 창조하면서 발전해왔다
영혼과 정령의 숨결을 느끼며 살아온
우리 전통사회가 붕괴의 위기에 내몰리고 있다

생명의 유전현상을 연구하는 분자생물학이
인간의 게놈이 완전 판독되어
엄청난 성과를 이루어낸 것이다

수많은 세포로 이루어졌다는 인간의 육체
한 알 한 알이 우주와도 같은
개별세포의 신비를 모두 밝혀냈다
영물의 사람 시체는 한낱
분자 레벨의 물질적 결합체로 격하시켜놓고 있다

그러나 죽음은 삶의 피안(彼岸)에 있다
삶은 죽음과 연속성을 가지고 있다
삶이 죽음으로 끝난다는 생각
인간은 과학으로 해결 못하는 천상(天上)과 지상(地上)
우리의 둘레에는 수많은 신(神)들이 존재한다
우리는 하나님의 영험한 신의 힘으로 운행되고 있다
천지를 창조하신 하나님을 믿는 우리
삶과 죽음을 통철(通徹)하는 깨달음이 있어야 한다

주님의 마음

주님의 마음을 품자
종의 형체로
자기를 낮추고
죽기까지 복종하셨으니
곧 십자가의 죽음이라

있는 그대로 감사하고
순종하는 마음으로
이 땅에서 복을 받도록 하자

만물의 으뜸은 인간이다
실질적으로 낮아져야
하나님은 높아지신다

주님 앞에 겸손하고
다툼이나 허영으로 가지 말라
지(知)·정(情)·의(意)가 완전한 사람은 없다
상대방에게 주는 것이
주님의 마음이다

우리 시대의 믿음

교인과 성도의 차
신앙고백하는 성도
주님을 섬기는 성도
시간 시간 주님을 흠모하는 성도
주님을 경험하는 성도가 되자

말씀을 붙잡고
Θ의 은혜를 갈망하는 성도
목표를 세우고 말쟁이가 되지말자
밝은 표정으로 감사하자

부족한 것을 바꾸기 위해
이 땅에 오신 주님
부족함이 없게 하시는 주님
기도하고 응답받기를 원하자

신앙의 새로운 변화
내게 유익이 되는 기도
예수님은 우리의 주인이시다
삶의 현장에서 말씀을
실천하는 성도가 되자

충만(充滿)

육신의 욕망은 끝이 없다
욕망을 충족(充足)시킬 수 있는 것은
성령으로 충만해져야 한다

지혜가 사라지고
능력이 바닥나고
돈줄이 막힐 때
욕망은 시들기 시작한다

세상사는
내 생각과 역행한다
역전을 꾀할 수도 있지만
내 것을 주고나면
허전함이 채워진다

영의 세계는
기도로 삶이 채워지고
계시가 충일(充溢)하여
자제력이 생긴다

그리스도인의 죽음

존엄(尊嚴)한 죽음
주님의 축복 속에
잘 죽을 수 있는 것이
그리스도인의 죽음이다

죽음이란 형벌은
죄값의 사망이다
영원히 죽지 않는 삶을
누리는 것이다

자신의 과오에 대하여
그리스도의 용서로
받는 것이 최후의 심판이다
영생의 길이 부활이다

삶의 마지막
죽음을 축복으로 받아들이고
죽음은 부활을 위한 것이다
부활은 죽음의 실체인 것이다

준엄(峻嚴)한 죽음

태초에 하나님이 세상을 지으시고
지금도 쉬임없이 운행하고 계신
창조자 하나님을 믿고 순종해야 한다

이 땅 위에 평화를 심고
소외되고 가난하고 병든 자를
위로하고 도움을 주어야 한다

우리는 하나님의 통역자이며
일꾼들인 것이다
세상을 살아가는 이유이며
잠시 세상에 왔다가는 이유이다

가장 소중한 것은 바로 지금 이 시간이다
당신 곁에 있는 사람을 중히 여기며
사랑을 베푸는 일이고
미덥지 않는 생각을 버리라고 말씀하셨다

분노하고 암담한 죽음
정결하고 정리된 죽음
죽음도 삶의 한 과정
자살행위를 우리는 격멸(擊滅)해야 한다

생명을 경시하는 행위는
자신을 학대함이라
오늘을 내 삶의 마지막으로
알고 살아야 한다

우리는 모두를 버리고 떠나야 한다
삶도 보람 있으면 죽음도 보람을 지닌다
죽음을 사랑해야 한다

※ 이화여대 정진홍 석좌교수 『보람 있는 죽음』 참조.

행복한 기도

기도는 하나님과 인간의 대화
기도생활의 최초의 인물은 예레미야
금기를 어겼을 때는 응답이 없다

하나님과 우리는
부자관계로 '아버지'라고 부른다
예수님의 기도로 시작
예수님은 기도를 가르쳐 주셨다(주기도문)

지속적인 예수님의 끈질긴 기도와 교훈
겟세마네의 기도
십자가상의 기도

찬양 감사 회개 중보기도
하나님의 능력 안에 있는 모든 것에
그 힘을 행사하신다

하나님은 살아계시고 또한 우리에게
기도를 요구하신다

기도는 만유의 존재에 대한
응답과 간구이다

기도시간 아침 제 3시(현재의 9시)
제 6시(정오)
제 9시(3시)

기도는 우리의 필요를 공급하며
중보기도의 열매를 얻는다
하나님과 교제로 마음의 영적인
편안함을 얻는 것이 행복한 기도이다

※ 기도시간 : 예루살렘에 살고 있던 경건한 유대인들의 기도시간.

작정기도

지하본당 어두운 장막이
나를 짓누르고
정면 중앙에서 한줄기 불빛이
내 이마에 와 닿을 때
조용히 눈을 감고 작정릴레이기도에
깊이 들어간다

전후좌우에서 들려오는 기도소리
내 의지의 기도는 어디로 가고
성도들의 기도소리에 내가 따라갔다

주여! 주여! 주님을 부르는 소리
아버지! 아버지! 하고 하나님을 부르는 소리
크고 작은 박수소리 연발되는 박수의 파도!

신음소리 우는소리 애타게 부르는 소리
내 중심을 잡고 기도하니
성령님은 내게 나의 구원자로 오시고
신령한 기운이 나를 감싸주시고

내 마음은 흔들림 없이 하늘로 가고 있었다
내 생각! 내 의지! 내 정성!
기도소리는 하나의 물줄기처럼
본당을 창일하고 넘쳤다

※ 작정기도기간 : 4. 29~6. 7 40일간.

인간의 죽음

신(神)이 될 수 없는 인간
영원히 죽지 않는 삶
점차로 신처럼 되어간다고 한다

뇌(腦)의 발전
새로운 기술이 나오게 되면
뇌는 더 고차원적으로 생각한다

2045년 영원히 살 수 있는
시점에 도달한다고 한다
진화란 접점선(接點線)은
신(神)을 닮아가는 과정이다

병상에 누운 백살 노인이
당장 죽고 싶다는 사람은 없다
늙을수록 생에 대한 애착이 강하다

레이거즈와일은 삶을 조명한
미국 에디슨의 다음가는
최고 발명가

30년간 미래 예측 적중률은
86%가 넘는다(IQ 165)
죽음은 종교의 본질
죽음이 매우 희귀한 시대가 온다고 한다

순종(順從)

믿으면 하나님이 계시하시고
승리와 영광을 주신다
어떻게 응답 하느냐에
믿음이 성장한다

보이지 않는 의식의 체계
맘이 담대해지고
이해와 행동이 따른다
응답이 믿음이다

움직이면 믿음의 채널이 생긴다
말씀이 오면 곧 움직인다
계시에 응답 하는 것은
형체로 이어진다

하나님 생각에 집중 되면
하나님께 순종하게 된다
마음의 폭이 넓어지고
초월적인 역사가 이루어진다

내 영혼

실낱같은 의식의 세계
순간 순간 왔다 갔다 하는 영혼
저무는 낙조를 타고 파도 저편에 숨는다

내 영혼이 은총을 벗어날 때
형극(荊棘)의 길을 헤쳐나간다
꺼져가는 황혼의 길은 어두울 것이다

양극과 음극과는 상통하는 내 영혼
다시는 돌아올 수 없는 낙원은
한낱 꿈을 던져주고 가려나?

제2부

미래의 꿈

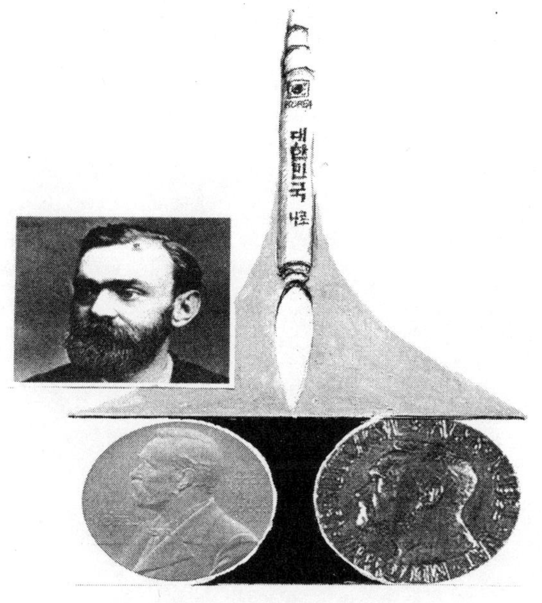

나로호 NOBEL상

문리 · 화학 · 생리의학 · 문화 · 경제학 · 평화 6개 분야

내일(來日)의 꿈

오늘이 아닌 내일(來日)
희망이 넘치는
매혹(魅惑)에 빠지는 내일
우리는 내일이 있어 행복하다

꿈을 간직하는 내일
생기에 넘치는 내일
순간에서 영원으로
모든 것을 걸고 기다리는 내일

내일이면 늦으리
샘솟는 순간의 기운
오늘도 다가오는
욕망과 정욕(情慾)에
집착하는 내일

'내일' 하면 우리는
안도감을 느끼며 산다
내일에 모든 욕망을 걸고
발을 내밀며 살아간다

컬링(Corling)

빙판 위의 체스(chess)*
머리 회전이 빠르고
손재주가 좋은 선수가 많아
동계올림픽 전략종목으로 꼽혔다

비인기종목의 설움을 딛고
올림픽 출전의 꿈을
포기하지 않았다

작년 컬링세계선수권대회
4강의 주역*
김지선 · 이슬비 · 김은지 · 엄민지 선수가
호흡을 맞추었다

사상 첫 동계올림픽
출전권의 영광을 안았다
지난해 대표선발전에서
태극마크를 빼앗기고

선수들은 결승에서 경북체육회를
상대로 10 : 5로 이기고
태극마크를 되찾았다

소치 동계올림픽 출전권을 획득
처음으로 올림픽 무대에 선다

경기가 끝나자
선수들은 얼음판 위에서
서로 부둥켜안으면서
기쁨의 눈물을 흘렸다

올림픽에서 금메달을
노리겠다고 다짐했다

※ 감독 : 정영섭 경기도청
※ 체스 : 서양장기

리듬체조의 요정 손연재 · 1

작은 체구 균형 잡힌 몸매
귀티가 나는 미모의 19세 소녀
성실성과 열정에 넘치는 깜찍한 선녀

발레의 기본기 완전히 소화
생글거리는 밝은 미소의 주인공
연기력을 발휘할 때
찬사가 쏟아졌다

연재의 소질을 발견한
부모님의 뒷받침
성공의 싹을 틔웠고
몸만들기 다이어트 강행
요정의 왕으로 변신했다

올 시즌 월드컵시리즈에서
4번 출전 4번 연속 메달획득
런던올림픽 리듬체조 예선에서
사상 첫 결선 진출

연재의 인기는 폭박적이다
본선에서 27.825점 본선 6위로
개인종목 110.300 6위로 결선 진출

런던을 뒤흔든 손연재!
리듬체조 월드컵대회에서
리듬에 동메달
"연재가 한국의 리듬체조의 역사를
만들고 있다" 찬사를 연발했다

리듬체조의 여왕 손연재 · 2

2010년 세계선수권 32위
1년 만에 11위로 끌어올려
티켓을 따낸 연재

2013년 6월 7일 제6회 아시아선수권
개인종목 "아시아의 여왕"으로 등극했다
총점 72.066
한국선수로는 최초의 금메달을 목에 걸다

우즈베키스탄 6월 8일 개인종목 후프, 곤봉에서
금메달 리본경기 은메달을 목에 걸었다
이번 대회에서 메달은 모두 5개(금3, 은2)를 따냈다

"너무 기쁘고 행복했다"
애국가가 울려 퍼지는 것을 처음으로 들으니
"앞으로 더 열심히 노력 해야겠다"는
생각이 들었다고 말했다

연재는 6월 16일 러시아 카잔에서 열린
하계 유니버시아드 리듬체조 볼 종목
결선에서 18점을 얻어 은메달을 따냈다

연재는 8월 18일(한국시간) 러시아 상트페테르부르크에서
국제 체조연맹 월드컵대회에서 후프 '은' 리본 '동'
월드컵 5연속 메달을 따냈다

피카소의 삶

피카소*는 새로움을 보여주는
우리 시대의 새로운 예술가상을
창조해냈다

피카소는 스페인 태생
보수와 혁명이 교차하는
이질적 풍토를 체험했고
끝없는 현실 속에서도
불변하는 정통과 기질을 물려받았다

인생의 대부분을 프랑스 특히
파리에서 보냈지만 마음은 언제나
스페인을 향하고 있었다
남의 작품을 자기 식으로 바꾸어 그렸다

조각 도자기 판화 삽화 무대미술
문학의 모든 영역에서
창조력을 발휘하여 사람들을 놀라게 했다

인간 피카소는 갔다
그가 심은 새로운 예술가의
이미지는 그 많은 작품들과 함께
인류의 역사에 길이 남을 것이다

그가 남긴 말
“그림은 참다운 삶의 깊이다”

※ 1881. 10. 25 스페인 말라가에서 출생.
1973. 4. 8. 프랑스 남부 무쟁에서 사망(93세).

피카소의 작품세계

사물을 바라보는 시각이 달랐다
앞에서 본 눈
옆에서 본 코
위에서 본 귀
하나인 화폭에
입체적으로 그려져 있다
피카소의 입체파라 불리는 이유다

대상을 바라보는 시각이 하나에서
여러 개로 확장됐을 때 나타나는
당연한 결과물이다

대상을 바라보는 눈이 여러 개여서
앞뒤 좌우를 동시에 그려낼 수는 있지만
완전히 정적인 그림이다

시간의 흐름에 따라 동적인 변화 모습은
담아낼 수 없었다

※ 피카소의 유명한 작품에 「게르니카」가 있다.

폴 고갱(Paul Gauguin)의 용기

자연으로 돌아가 낙원을 그린 화가 고갱
소시에테제도 남태평양의 타히티섬으로
떠난 고갱

자국의 영토지만 경험한 것과
상상한 것을 종합하여 그림을
그리기로 마음먹고

자기 그림세계의 폭을 넓히기 위해
용기를 내어 타히티로 떠났다

그가 남긴 그림의 화제가 재미나다
"우리는 어디에서 왔는가?
우리는 무엇인가?
우리는 어디로 가는가?" 1897~1898

다소 종교적 이미지가 피어난다
미지의 세계 타히티(프)섬으로
떠난 고갱의 결단력과 그 용기
우리가 본볼 점이 있다

※ 후기인상파 : 세잔・고흐・고갱을 말한다.

오! 나의 태양

보라 저 빛나는 태양
삼해(三海)에서 이글거리는 태양
계절은 우리들을
산과 바다로 불러내고 있다

대지의 지열이 가슴 태우는
만물이 소생하는 뜨거운 태양
지구온난화로
아열대성 기후로 변해가고 있다

생태계의 대변화
동식물의 대이동
우리가 모르는 사이에
자리바꿈을 하고 있다

남극을 연상케 하는 기온 상승
섭씨 33°를 넘나드는 날씨
인도네시아와 비슷한 더위다
생활환경도 변해가고 있다

에너지의 근원인 태양
태양의 고마움을 잊고 사는 우리
이 가슴을 활짝 열어주는 태양

자연을 파괴하는 인간에게
생태계의 변화가
재앙을 불러올지도 모르는 일
바다생물의 대이동 곤충의 습격

별빛이 흐르는 밤에도
대자연의 움직이는 소리를 들어보자
아름다운 태양은 우리를 지키고
빛나는 태양은 우리를 보호하고 있다

돌아온 연아의 선물

2013. 캐나다 ISU 세계선수권대회에서
우승의 영예을 안고 돌아왔다

몸놀림이 가벼워지고 점프나 스핀에 있어
큰 동작을 그리며 완벽한 연기를 보였다
삼천번도 더 넘어져야 하는 피겨선수의 고충

합계점수 218.31점
차점 카를리나 코스트너와는 20점을
훨씬 뛰어넘는 점수다
소치까지 여왕으로 이어질 가능성을 보였다

해외언론의 쏟아지는 찬사!
시상식에서 태극기가 올라가는 동안
캐나다 현지 여성합창단이
우리 애국가를 한국어로 불러 이색적이었다

마지막 스핀을 마무리하는 순간까지
온 겨레가 숨을 죽여가며 마음이 졸였다

연아는 갈라쇼에서도 18일 밤
남장여인으로 매력을 보였다
9천명의 관중이 박수를 보냈다

※ 2013. 3. 17. 캐나다의 온타리오주 런던의 버드와저 가든에서 ISU 세계선수권대회에서 우승.

K-pop의 파워

불꽃 튀는 경연 20세 전후의 남녀
한국 고유의 영재(英才) 조기발굴로
'랩'의 선구자 선배들의 심판으로
최고 톱스타가 탄생된다

동방신기 슈퍼주니어 빅뱅 2PM…
걸 그룹 소녀시대 카라 티아라 원더걸스…
미국 지상파 TV 토크쇼 최고 출연은 소녀시대

서양음악에 일본 아이돌 시스템과
한국 정서를 하나로 결합시켜
장점을 살린 K-pop
일사불란한 춤동작 랩* 보컬 쇼케이스

각국 펜들의 입맛을 고려한
글로벌 멜로디 리듬 율동 댄스춤의 개발로
한국은 세계 '랩'의 초일류를 달리고 있다

한국을 찾아가서 그들을 보는 것이 꿈

K-pop은 내가 본 최고의 경연 '랩'이다
마이클 잭슨의 후신(後身)이 되어주기를 갈망
한글 보급 "세종학당"이 세계에 90여곳이 넘는다

용모 춤 율동 의상 헤어스타일
새로운 경지에 들어가고
거창한 무대장치 점멸(點滅)하는 서치라이트
레이저쇼 변모하는 백그라운드

K-pop 열풍은 세계 각국으로 퍼져나간다
가는 곳마다 대환영 절정을 이룬다
공연장을 중심으로 한 인접국의 젊은이들까지도
찾아가 흥분의 도가니로 만든다

K-pop은 세계인의 선망(羨望)의 대상이다
한류가 4.0을 이루는 산실 교육공간이 필요하다

※ 랩 : 1970년 중반 뉴욕의 흑인들에 의해 생겨난 rap. 말과 노래가 뒤섞인 대중음악의 한 장르.

제3부

추 억

충북 괴산 화양계곡

첫사랑

가슴 속에 움트는
쑥스러운 사랑의 노래
울렁거리는 고동소리
어쩌면 좋아
귓속말로 전해지는
그리운 노래
순정 때문에 울지 않아요

숨겨둔 첫사랑
달콤한 사랑의 노래
쉴새없는 고동소리
어쩌면 좋아
소리없이 전해지는
그리운 노래
미련 때문에 울지 않아요

누가 울어

애타게 불러보는 그리운 이름
꿈은 아니겠지 가버린 사랑
눈시울 적시면서 못잊게 하네

잊었던 옛 추억은 새로워지고
돌아올 줄 모르는 그리운 사람
온다던 소식조차 그걸 잊어버렸나

자꾸만 쌓이는 그대 그리움
푸른 꿈을 못 잊는 흔들의자에 앉아
나를 바라보던 그때 그 눈동자!

달빛 처량한 고요한 거리
목련화 움트는 마당가에서
이 한밤도 이렇게 울고 말았네

여자가 예쁠 때

여자는 어딘지 모르게 누구나
아름다운 점을 간직하고 있다
그가 가진 호감 가는 그 자태로
사랑을 받는 여자가 예쁘다

추남 추녀는 있을 수 없다
남이 쉬 발견하지 못하는 예쁜 점
자기만의 미를 가꿔온 점 남과 달라
그래서 사랑받기 마련이다

팔등신 구등신 V라인 S라인
제각기 가지고 태어난 사람도 있겠지만
과학과 의술의 발달은 미인을 창출해낸다
남녀가 만나 해로하는 것 하나님의 선물

머리끝에서 발끝까지 시원스럽게
이목구비가 출중(出衆)하고 남다를 때
상대방에게 사랑을 많이 받는다
인체의 미는 개발하는 자의 것이다

풋사랑

얼굴을 돌리며 그리워하던 날
보리밭 사잇길에서 만난 그 소녀
갈래머리 붉은 댕기 치렁거리고
이마에 땀방울이 송골송골 맺혔었다

가슴 태우며 그리워하던 날
버들피리 보리피리 꺾어 불고
보리깜부기로 얼굴에 화상을 그렸던
못 잊어 외로이 너의 얼굴 그려 본다

얼굴을 붉히며 그리워하던 날
철부지 소녀가 싱그럽고 상큼하였다
풀잎에 이슬처럼 영롱한 눈동자
우연히 내 앞을 가로막는 풋사랑

철없던 시절의 들뜬 사랑
가슴앓이로 한밤을 새우고
말없이 다정했던 소녀
지금은 어느 곳에서
누구와 정담을 나누고 있나?

정(情)

정에 울고 정에 웃는 우리
"정에 노를 저으면 흘러가기 마련…"
붉은 꽃은 잎의 푸른 데서 만들어지고
받은 정 주는 정 석별(惜別)의 정
"그냥 떠나가면 나는 어떡해"
기어이 가신다면 정마저 가져가야지

행복은 우리의 마음속에서
바람 불고 눈보라쳐도
우리의 정은 변함이 없어
깊은 곳에서 우러나오는 진심(眞心)이
인정(人情)이란 것이 되었네
있는 정 다해서 사랑한 당신

울지말아요! 차가운 하늘 위
여명(黎明)은 샛별을 달래며 오고있네요
나 홀로 지켜보는 당신의 모습
온정을 쏟는다해도 모자라는 사랑
이기(利己)와 감동이 뒤섞여가도
인정세태(人情世態)는
동서고금(東西古今)에 변함이 없네

클레오파트라

이집트의 마지막 여왕
서양 역사상 최고의 미인
클레오파트라!

클레오파트라의 코가
좀 더 낮았더라면
세계 역사가 변했을지 모른다

그의 코가 약간 굽었지만
추녀라고 할 정도는 아니라고 한다

줄리우스 카이사르, 안토니우스
두 영웅이 첫눈에 반할만큼
미인이었다고 한다

카이사르가 이집트를 평정한 뒤
로마로 돌아가지 않고
두 달 동안이나 함께 지냈던 여인이라면
추녀일 수가 없다

셰익스피어도
“나이도 그녀를 시들게 할 수 없다”고
읊었다고 한다

따뜻한 숨결

짝을 찾는 인간들
이성간에 원초적 그리움이 있다
죽음 앞에서도
그리움은 이어진다

눈으로 귀로 육감으로
상대를 찾아 헤매는 군상들
서로가 자기 DNA를 남기고 싶어한다

여기서도 저기서도
남은 알지 못하지만
감도는 그리움의 흔적
영원히 지워지지 않는다

그대와의 달콤한 첫키스
그대의 해맑은 목소리
그대의 영롱한 웃음소리
그대의 따뜻한 숨결

끝나지 않은 나만의 사랑이
그리움으로 변한다

매화

매화꽃이 필 때면
고향집 생각이 난다
우리집과 뒷집 경계선에
부엌문을 열면
정면으로 매화나무가 나를 반긴다

풍류를 달래는 매화나무
조상 어느 분이 심었는지
400년은 됨직하다
고목(古木)이 된 매화나무는
비스듬히 누워 커다란 돌절구를 지킨다

매화 향기가 그윽한 뒤뜰
대통만큼 커진다
푸르기는 하지만 따먹고싶다
어머니께서는 "익게 두어라" 하신다

폴폴 날리는 매화꽃잎
돌절구 고인 물에 떠있는데
때 아닌 소나기가 장난을 치고
울밑에서 수탉의 긴 울음소리가 들린다

양귀비(楊貴妃)

천보 14년 안록산 절도사가 이끄는
15만 대군이 장안 가까이 당도하자
마외(馬嵬)에서 군대가 움직이지 않게 되었다

재상 이임보(李林甫)와 양귀비의 염문
재상 양국충과의 스캔들 그 원인이었다

"양귀비와 양국충을 죽여라"
병사들의 외침
"둘 다 죽이도록 하라"는 현종의 윤허(允許)
양국충은 칼에 맞아 죽고
양귀비는 자결(自決) 아닌 자결(刺決)로
서른 여덟의 젊은나이로 생을 마감했다

나라도 잊어버리고
나라도 멸망시킬 만큼
아름다운 여자 양귀비
동양의 미인 양귀비는
경국(傾國)의 미인이었다

모란꽃같이 아름답고
아무 죄 없는 양귀비
현종의 마음을 사로잡은 양귀비
덧없는 세월 속에 애정행각이 문제가 되어
장안(長安) 근교 마외(馬嵬)의 이슬로 사라졌다

오호라! 아까운 경국지색이여
인생무상 지금은 황천의 어느 곳에서
잠들고 있을까?
마외에는 양귀비의 사랑이 있다

※ 절도사 : 국경을 지키는 군대의 사령관.
※ 안록산 : 내몽골의 영주(營州) 잡호(雜胡) 출신. 안록산의 반란을 일으킴. 아들 안경서(安慶緖)에게 죽임을 당함.

산행(山行)

이순(耳順)을 훨씬 넘은 우리들
정이 그리운 사람들의 산행
오늘만은 다정한 친구가 된다

북한산 능선 가파른 돌길 따라
솔바람소리 이는 곳
흰 눈 덮인 양지 찾아
즐거운 점심 한때 우리가 신선(神仙)

눈빛 주고받으며 웃으며 가는 길
지나온 세월은 서로 달라도
다음을 기약하고 헤어지는 우리

꺼져가는 모닥불을 지폈던 즐거운 추억
지금은 헤어진지 15년 세월
로맨스그레이 가슴 달래던 산행

회상(回想)

그대를 찾아 헤매 도는 나그네
잊어야 한다고 맹세하고 돌아섰지만
정만 두고 몸만 가서 '이별' 어이할까?

꿈에서도 낮은 목소리로 "여보" 하고
그대를 불러봤지만 대답은 없고
남은 여한을 달래며 꿈을 꾸는 절름발이

내 생애 우연히 당신을 만나
웃고 울며 "같이 죽자" 평상시 하던 말
이 많은 행복을 죽어서도 간직하고 싶어요

맨발의 청춘

"거리의 자식이라 욕하지 말라"
"그대를 태양처럼 우러러보는…"
이승을 하직하고 가는 길
멍석으로 덮어씌운 시체
"덜커덩, 덜커덩" 달구지에 실려간다

맨발의 청춘의 두 발이
가마니 푸서 끝에 나와 있어
시청자들이 눈물을 짓게 한다
지울 수 없는 인정 무정인가?

통속적인 농촌의 풍습
반가운 사람 영접할 때
맨발로 버선발로 마당까지 뛰어나와
반갑게 맞아들인다

급한 자리에
앞뒤를 가리지 않고 이어지는
생활의 단면
아름다운 '정'이 넘치는
우리 생활의 여운이다

사랑노래

듣기 좋은 사랑노래
이 세상 끝날 때까지
입에서 입으로
보금자리를 찾아간다

천 번을 노래해도
끝나지 않은 노래
마지막 목숨이 다 한다 해도
사랑노래는 끝나지 않아
듣는 가슴 황홀케 한다

눈을 감아도 떠오르고
눈을 떠도 떠오르는 노래
삶을 같이하는 사람끼리
천상의 인연인 사람끼리도
사랑은 표현해야 한다

제4부

고향길

고향집 후원의 매화

그리운 고향

로맨틱한 분위기
낭만이 샘솟는 이 가을 벌판
가슴 설레이던 지난날의 꿈
얼씨구 절씨구 춤을 추고 싶다

모닥불을 피우고
한바탕 풍악을 잡았던 지난날
그리운 부모형제의 생각
고향산천도 잠이 들고 있겠지

하늘 저편의 그대를 불러본다
먼저 달려가고 싶지만
철없던 유몽시절은 꿈만 같고
보고싶은 정이 굴뚝같구나!

향수에 젖은 날개를 접고
가슴 뛰노는 한 마리 새가 되어
지우지 못하는 고향산천
그리움과 서러운 마음 뉘가 알아줄까?

고향 생각

눈만 감으면 떠오르는
고향생각
자작일촌(自作一村) 대대로
500년을 살아온 내 고향

도시가 좋아 모두 떠난 지금
다정했던 사람들 뵙기 힘들고
나 어릴 때 뛰놀던 곳
두메산골 어랑(漁浪)마을

앞 논두렁 실개천에서
맨손으로 붕어 메기 피라미 잡고
꼴망태 메고
소 먹이던 계절의 즐거움과 낭만

당산나무 그늘에서
입술이 푸르딩딩 낮잠을 자고
김매기 도우미로
백중 때 용돈을 받는 재미

만두레가 끝나고
즐거운 마당놀이 잊을 수 없다
꽁보리밥을 먹던 시절
닭갈비 흰쌀죽 한사발 즐겁기만 했다

정월 대보름날
남자 대 여자
줄다리기를 끝내고
당산등을 찾아
느티나무(우두머리)에 줄을 칭칭 감아주고
풍년을 빌었다

아름다운 꿈의 보금자리
내 고향산천
떠오르는 부모형제의 생각
세월 따라 소멸되어 가고 있다

이보다 슬픈 일이 또 있을까?
고향은 멀리 타향에서
그리워진다 또 꿈을 꾼다

고향 하늘

송림 숲으로 둘러싸인 어랑마을
어항 속 같이 맑고
고요한 고향하늘
대대로 500년의 영고(榮枯)가
이곳에서 이어져왔다

유명(有明) 조선 징사(徵士)
어은(漁隱) 김선정(金善貞)의 유허비
그 둘레에 모여
달 밝은 저녁 한때
노래하고 즐겼던 형제자매들
지금은 가고 없는 형과 누이

고향 하늘은 한조각 그리움으로
내 마음 달래주고 있다
일제말기 유명(有明)이란 두 글자를
시멘트로 때운 적이 있다

그때는 우리 키보다 커 보이던
유허비석이 보잘 것 없는
돌비석으로 옛 자취를 말해주고 있다

고향땅

조상의 혼백이 잠든 땅
봄에는 산꿩이 홰를 치며 울고
여름밤에는 늑대가 앞산과 뒷산에서 울었다
논밭을 가꾸며 사시던 부모님
나는 거기서 잔뼈가 굵고 꿈을 키웠다

이 봄도 산새가 울고 꽃이 피겠지?
진달래 꺾고 송이 따던 시절
어릴 때 친구들은 다 무엇을 하고 있을까?
주마등같이 흘러간 세월이 아깝다

미워할 사람도 없고 못 잊을 사람들
망설임 없이 달려가고 싶은 고향
어머니 곁에서 잠들던 형제자매들
그때가 그리워지고 그립다

봄에는 제비 가을에는 기러기 친구삼고
둥근달을 이고 뜰아래에서 불러보는 어머니!
저무는 신작로에서 창가를 부르던 목동
손등의 주름이 한사코 나를 슬프게 한다

추억의 삼회장(三回裝)

삼회장저고리
저고리의 깃
소맷부리
겨드랑이 갖추어 댄 회장이 곱다

도련 밑에서 흘러내리는 치맛주름
옷고름에 매달린 노리개
띠돈, 패물, 매듭, 술의
구성된 색조가 아름답다

삼회장저고리에
청춘의 열정을 담고
웃음이 정겨운 자매들!

다듬잇소리

박달나무 다듬이 방망이로
옷감을 두들겨 다듬는 소리
늦가을 산촌에 저녁연기
뭉게구름처럼 굴뚝에서 솟아나와
운무처럼 깔려 추억으로 남는다

아랫집 윗집 건너편집
다듬잇소리가 마을 가득 구성지다
고부인지 자매인지는 몰라도
마루에 앉아 쌍방망이로
정답게 장단 맞추어 두들긴다

멀리 들렸다가 가까이 들리고
가까이 들렸다가 멀리 들리는 다듬잇소리
밤하늘에 가득히 강약 장단 맞추어
어쩌면 이다지도 듣기 좋을까?

길가는 나그네의 발길을 멈추게 한다

동백(冬栢)

옛 추억을 간직한 고향집
따스한 봄날 뒤뜰 옆집 울타리에
예쁘다고 반겨주는 이 없었지만
이른 봄이면 붉게 피는 동백 한 그루

노필(老筆)로 동백꽃을 그리다 보면
문득 생각나는 누이와 동생
울밑에서 소꿉장난하던 시절이 그립다

지금은 승천하고 우리 곁에 없지만
오순도순 모여 속삭이며
떨어진 꽃송이송이 주워 모아
실에 꿰어 꽃목걸이를 걸어주던 누이

해마다 동백꽃 피는 고향집
지금은 그 나무조차 찾아볼 수 없다
환경도 세월따라 새 모습으로 바뀐다
허무한 세상!

엿장수

누더기 옷에
연지곤지
젊은 각설이가
덩실덩실 춤을 춘다

이 골목 저 골목
짤까닥 짤까닥
엿가위 소리에
해가 저문다
청춘이 저문다

가득했던 엿목판
엿가락이 대여섯
짤까닥 짤까닥
엿장수 재수 좋고
인생도 즐겁다

행복과 불행이
시샘하는 밤
엿가위 잠들고
짤까닥 인생도
행복한 꿈을 꾼다

게감정

꽃게 등딱지를 떼고
그 속에
게 속살을 긁어모아
갖은양념을 넣어
정성껏 버무린 한 소를 넣어
찌거나 지진 음식 게감정!

봄철 몸이 나른할 때
밥상에 오른 게감정
부드럽고 달콤하고
향긋한 게맛살과

풋풋한 새 마늘 부추 씹히는 맛은
한층 입맛을 돋군다
누가 뭐라고 해도
게감정의 맛은
초여름 별미 중의 별미다

둘이 먹다가 하나 죽어도
모를 이 맛남
체면이 게걸이 드는
초여름 게감정이다

강촌(江村)

강촌 추야독주(秋夜獨舟)

서릿바람이 모질게 차가운데
늦가을이 깊어간다
겹겹이 펼쳐지는 높고 낮은 산세
새롭게 다가와 이 밤을 시샘 한다
강촌의 오색단풍이 다투어 곱다

멀리 연연이 이어지는 산 위의 둥근달이
마음 부푼 풍선처럼 솟아오르고
강물은 내집삼아 드나들던 오리떼가
날개를 번갈아 가볍게 뒤집으며
'기럭기럭' 하고 하나 둘씩 내려와 잠긴다

멀리 돛단배를 타고 떠나간 외로운 어부
바람타고 집으로 향하는데
남서풍이 시원스레 돛단배를 밀고 간다

달빛어린 높고 낮은 산골짝
저 앞산 넘으면 유토피아가 있겠지…
노송과 단풍이 시루떡처럼 강물에 어려
추야장장 어둠이 내려앉은 연보랏빛 밤하늘
아름다운 한 폭의 동양화를 연상케 한다

책과 인생

"책 속에 길이 있다"
머리에서 사라지지 않는 상념(想念)
독서 삼매(三昧)가 나은 내 인생
벗이 되고 내 인생의 길잡이가 되었다

수불석권(手不釋卷)
내 지식의 터전이 된 책!
세상 떠나기 전 짐이 되어
그를 털고 가야 하겠다는 생각
주변을 정리하라고 재촉하는 자식들

애착은 끝없어
사랑하고 내 곁에 두고 싶지만
오늘만 오늘만 또 오늘만 하다가
달이 가고 해가 가고 마음은 초라해진다

내 땀과 값진 노력으로 엮어놓은
시집은 버릴 수 없다
4놈은 세상에 "나요 하고" 외치기로 했지…
그 기쁨은 이루 헤아릴 수 없다
내 삶의 보람이요 내 평생의 기쁨으로

항상 내게 달려온다
사랑스러운 시집으로…

갈대밭

눈물에 젖은 노래
빵과 바꿀 수 없는 내 노래
갈대가 손짓하는 가을 강변에서
가슴이 저리도록 노래를 불러보지만
남는 것은 메아리뿐!

달 밝은 갈대숲속을
스산하게 만드는 갈바람
이곳을 떠나갈 수 없는 저 물새는
짝을 찾아 헤매이다가
마지막 생을 마무리하는가?

두 뺨에 흐르는 차가운 눈물
촉촉이 가슴에 떨어지지만
하현달에 걸터앉아
피리 부는 아름다운 저 소녀는
지는 달과 같이 숨어버린다

제5부

자연관조

하오의 연당(蓮塘)

신비로운 향기

내 마음을 끌어당기는 연꽃의 단내
분홍장미는 춘심(春心)을 설레게 한다
밤에만 향기를 방출하는 야래향(夜來香)의 생리
요리에 쓰이는 각종 허브(Herb)의 향기
라벤더 박하 로즈마리 벤자민의 신비로운 향기

코끝을 자극하는 루악커피의 향기
마음을 진정시키는 향나무의 향기
바람에 실려 오는 상큼한 솔잎향기
향낭(香囊)에서 방출되는 유혹의 향기
비에 젖어 후줄근한 살과 옷의 냄새

사람냄새가 그리워지는 밤
마음을 설레게 하는 기분 좋은 향수
코로 맡을 수 있는 온갖 기운이
인간의 암담(暗澹)한 마음을 즐겁게 하고
남녀 간의 독특한 체취가
좋아지고 사랑하게 만든다

인생과 바람

바람의 시작은 어디이며
바람은 어디로 가는가?
지대한 울렁임을 주는 바람

흔히들 말하기를
바람이 들어 바람을 피우고
바람과 함께 사라져간 인생
바람과 함께 돌아오다

바람은 우리의 생활을
바꿔놓기도 한다
회오리바람 돌개바람
미국 중남부의 토네이도
무서운 위력의 흔적을 놓고 간다

수평과 수직으로 움직이는 바람
연둣빛 나뭇잎에 이는 바람은
내 마음을 흔들어 놓고 가는 바람
가슴에 차 저절로 시원해진다

마음이 끌리어 들뜨는 세상
많은 예술가에게 영감을 주고
시인을 앞세운 길잡이가 되어
일시적 유행을 앞세우기도 하는 것이
바람이다

청산(靑山)과 백운(白雲)

푸른빛이 감도는 산봉우리
흰구름이 감추고
구름은 운해(雲海)를 이룬다

고공을 비행하는 비행기 창문으로
내려다보는 광경은
내 마음에 흰 솜 카페트를 깔아놓는다

가깝고 멀리 흰 솜이불을
깔아놓은 듯한 융단을 보는 순간
그 위에 사뿐히 내려앉고 싶다

청산은 요지부동인데
백운은 청산을 감싸고 도는가?
세월이 유수(流水)와 같은데
못다한 정은 쉬지않고 찾아온다

자카르타 하늘 높이
떠오르는 솜바다는 평안하다
하늘나라 공주의 꿈속같이
해맑은 새아침을 맞는다

무심한 강물

“강이라면 건네주마” 가사의 한 구절
울다가 웃는 무심한 강물
웃다가 우는 애증(愛憎)의 강물

따스한 봄볕에 다정히 흐르는 강물
때로는 강바닥을 뒤집는 노도(怒濤)의 강물
순정을 모로 눕히고 떠나가는 강물

녹색 찰랑대는 수양(垂楊)의 그림자
늘어지게 반기는 강물이 부럽다
손목을 잡고 싶지만 강폭이 너무 넓어

나를 묶어놓는 강 언덕과 낚싯배
강물은 천추의 한을 남긴 채
돌아서 웃고 있구려!

망월사에 뜬 달

이른 저녁놀은 사라지고
깊숙이 잠들어가는
고요한 망월사!

서라벌
월성(越城)을 향해
기원하는 그 많은 불자들

찾는 이 없고
적막한 망월사 뒤안길
보름달이
중생(衆生)을 굽어 살피신다

땅에 어린 달그림자
머리 위에 뜬 달을 바라보며
시름을 잊으려
포대능선 길 찾아간다

새발선인장

때 아닌 크리스마스 트리
화려한 등불을 달았네
화분에 넘치는 분홍빛 새발선인장

이 화려한 꿈의 불꽃
흐트러지는 이중 삼중 겹꽃이
꽃술을 내밀고 고개 숙였다

너무도 밝은 햇살에 눈이 부시다
그대 하늘나라의 날개를 접고
사뿐히 내려와 굽어 보소서

베란다의 여러 꽃들이
봄을 잊지 않고 오늘도 주인을 찾아와
시샘하고 그대를 찾네…

이야기도 나누고 입맞춤 하소서

장미꽃

까닭모를 눈물의 결정이
한 송이 장미꽃으로 방긋 피었네
한철 두철 네철 피는 장미꽃

홍자색 연분홍색 노랑색 흰색
내 영혼을 달래주는 꽃
꽃봉오리 터지는 강변마을의 꽃잔치

내 삶을 건져 올리는 유혹의 장미꽃
바람에 몸둘바를 몰라 흔들리는데
무지개를 타고 선녀가 꽃밭에 내려오네

라일락

라일락꽃※ 향기
아파트 마당에 가득
멀리 멀리 퍼져나가 발을 멈추며
'흥' 하고 코를 실룩거린다

라일락꽃 향기 짙게 깔려
야래향보다 약한 향기
그러나 내 마음 설레게 하는 향기
연보라 흰꽃 송이가 정겹다

꽃비가 내리네 꽃비가 내리네
몸으로 꽃비에 젖어보세
님을 부르는 꽃비 상쾌한 향기

※ 미스김라일락, 자정향(紫丁香)이라고도 부른다.

벚꽃축제

오색불빛으로 단장한 벚꽃나무
신비의 꽃구름이 찬란하다
연둣빛 분홍빛 노란빛 흰빛
상춘객의 얼굴에도 오색불빛이 가득

꽃잎이 날려 떨어진다
염치를 불문하고 제멋대로
제 무게를 이기지 못하고
꽃바람타고 소리없이 내린다

오색으로 빛나는 벚꽃길
쉬엄쉬엄 가고 싶지만
밀려오는 인파는 나를 떠밀고
가로수 터널 밑은 쉴 곳이 없다

밤의 윤중로의 거리는 빛나고
상춘객은 인산인해를 이룬다
금강산도 식후경 야식의 거리
미각(味覺)이 가는대로 배고픔을 달랜다

꽃바람

살랑살랑 꽃바람이 분다
꽃바람이 매화 향기를 품고 온다
산에도 들에도 꽃향기 찾아
벌 나비처럼 바람을 탄다

봄 향기는
매화 향기 가득 싣고
꽃바람 타고 온다
나물 캐는 봄처녀의 가슴에
꽃잎이 님 그려 쉬어간다

봄 향기는
벚꽃 향기 가득 싣고
꽃바람 타고 온다
노총각의 가슴 두드리고'
무지개꿈을 듬뿍 주고 간다

둥근 달빛 아래
가슴 설레이는 연인들의 가슴에
싱글벙글 웃음 진하고
"꽃바람이 부느냐?"고 묻는다

연어의 모천 회귀성

연어는 모천에 회귀한다
내수성 어류로 회귀한다
산란기에는 태어난 곳으로 올라가
알을 낳고 암수가 죽고 만다

민물에서 바다로
바다에서 민물로
연어의 체액과 물속의 염분 농도가
평형을 유지하여야 한다

염분 농도의 조절
연어의 체액이 물의 성분보다
훨씬 높아 많은 염분을
몸 밖으로 내보내야 한다

이때 연어는
바다에서 민물로 올라온다
9월~11월에 모천으로 올라온다

설악능선

금강산과 쌍벽을 이루는 설악산
흰 눈을 이고 있는 노송이
장승처럼 지키는 설악동
대청봉의 높은 봉우리 아득히 솟아 있다

권금성에서 내려 보는 설악동은
운무에 싸여 한 폭의 동양화!
겹겹이 싸인 높고 낮은 설악능선
공룡능선※ 집선봉에 이어지는 화채능선※

간혹 삭풍이 머리털을 날리듯
바람결에 눈보라가 여기저기 인다
굶주린 산새와 짐승들은
먹이 찾아 인가로 내려가고

인기척 없는 산장에 저녁노을이 진다
설악능선은 흰 솜이불을 덮고 잠을 청한다
사시사철 옷을 갈아입고
천년을 이어온 설악산은 산악미의 극치를 이룬다

※ 공룡능선 : 마등령에서 무너미고개.
※ 화채능선 : 집선봉에서 대청봉까지.

홍도(紅島)

전남 신안군 흑산면
20여 개의 섬으로 구성
목포에서 72마일 흑산도에서 14마일
서쪽에 위치한 섬 쾌속정으로 2시간쯤 소요되는 섬

홍갈색 규암으로 된 홍도※
남쪽 양산봉과 북쪽 깃대봉
남북의 길이 6km이다

해안선 일대에 산재한
홍갈색의 크고 작은 무인도
깎아지른 듯한 절벽들

오랜 세월의 풍파로
말로 형언할 수 없는 절경
난생처음 보는 홍도의 자연

생시의 섬이 아니고
꿈의 환상의 섬 홍도
몇 번 눈을 감고 떠보지만
지상 최고의 처음 보는 환상적 풍치
이게 천국의 일번지일지 몰라!

※ 천연기념물 170호. 섬 일주 목선으로 2시간 정도 소요된다.

칠선계곡(七仙溪谷)

지리산국립공원 칠선계곡
추성리 삼거리에서 산행이 시작된다
선녀탕을 지나 의탄천(義灘川)을 따라
오르면 칠선계곡 5.4km에 다다른다

인적이 드문 길을 따라 오르면
출렁다리를 지나 산죽(山竹)의 군락이 길을 막는다
계곡 물 위에 거꾸로 잠긴 암벽이 우리를 맞아
온통 오색단풍 속으로 빨려 들어간다

수정 같은 맑은 물이 고인 용소(龍沼)가 있고
내장산의 단풍을 무색케 하는 황금빛 단풍!
수천년 수마(水磨)에 다듬어진 암석이
그늘진 석양빛에 암자색을 띠운다

국내 삼대 계곡의 하나 1999년 출입통제
희귀 동식물이 크게 늘어 탐방예약제로 개방
특별보호구로 지정하여 10년 만에
빗장이 풀린 곳, 울창한 원시림으로 회복되었다

반달가슴곰 표범 사향노루 등이
산다는 말이 나올 정도로 자연자원이
풍부했던 칠선계곡

태고의 숨결이 그대로 숨 쉬는 곳
일곱 신선이 이곳 칠선계곡 폭포에서
물기를 타고 놀았을 것이라고 회상(回想)해본다

※ 소재지 경북 함양군 마천면 추성리.

3대 계곡 : 설악산 천불동계곡, 한라산 탐라계곡, 지리산 칠선계곡.

장마전선

서울의 장마 뒤 폭염
섭씨 34℃를 오르내린다
대지는 달아오르고 나는 새도 볼 수 없다
막무가내(莫無可奈)로 참아보지만
땀이 흘러내려 견딜 수가 없다

창문으로 북쪽 하늘을 보니
수락산 저편 하늘에 먹구름이
마들평야의 가마솥 더위를 짓누르고
금방이라도 쏟아질 것 같은 소나기

웃통을 벗고 등목이라도 해야
속이 시원할 것 같아
골치가 지근지근 거리고
뙤약볕이 눈알을 땡긴다

왕매미의 울음소리 시끄럽고
지-지- 하고 산매미의 울음소리와
장단을 맞춘다

당장이라도 뒤엉켜서
싸움박질이 벌어질 것 같은 왕매미의 울음소리

장마 뒤에는 폭염
폭염은 열대야 현상을 동반한다
고온다습으로 피부가 끈적끈적 하고
불쾌지수가 높아 선잠으로 날을 샌지 오래다

6월 17일 중부지방에서
시작된 이번 장마는 장장 49일 동안
이어져 최장기록을 남겼다

※ 열대야 현상 25℃ 이상.

매향(梅香)

뒤뜰에 이끼 덮인 철간(鐵幹)이
봄볕 속에 누워 있어
약지(若枝)가 하늘로 뻗어
엄한준설(嚴寒峻雪)을 견디며

부드러운 꽃술
봄바람에 날려
찾는 이마다 매향에 취하니
봄날은 한잔 술인가?

매화나무 그늘에 봄 낮이 길어지니
춘곤(春困)이 벗 삼자고 한다
가는 꽃이 아쉬워
지는 매화꽃만 한탄하랴!
하룻밤의 쓸쓸함을 한(恨) 하리라

전당곡(錢塘曲)

항저우[杭州]
육화탑(六和塔) 언덕에서
멀리 바라다 보이는 전당강대교(錢塘江大橋)
기차가 달리면 철교가
조금씩 흔들린다고 가이드는 전한다

항저우만으로 흐르는 절강성(浙江省)
절강 하류의 전당강
당나라 때 설치한 현(縣) 전당
수나라 때 항저우가 되어 지금까지 전한다

옛 시인※이 읊었던 전당곡
"전당의 젊은이들 호사하기 좋아하고
다락 앞에 말을 매고 술집을 묻는다
푸른 가을 강물은 맑으며 남호에 달빛 가득하다
고운 여인들 아직도 노래하며 연꽃을 딴다"

화려한 전당의 삶의 거리가
눈에 보이는 듯하다

※ 낭옹(浪翁) 김현(金晛)의 『文學과 思想』 참조.

충주호

충주댐을 막으면서 내륙호가 된 충주호
호수관광이 열려 빛을 보게 된 단양팔경
좋은 경치 찾아 많은 관광객이 모인다
충주호는 중국의 동정호*에 비교가 된다

선상에서 바라보는 호수 주변
산세는 돌산으로 절벽을 이루고
만경창파에 수정 같은 달이 뜬다
호수면을 둘러선 산 한 폭의 병풍일세

이퇴계는 이곳 옥순봉(玉荀峯)의 경치를 찬양하여
단구동문(丹邱同門)이라 하고
절벽에 4자(四字)를 조각함으로 정계(定界)가 되고
죽순처럼 솟아오른 천년의 현상을 옥순봉이라 함

큰 유람선이 흰꼬리 물결을 끌고 돛단배를 가로지르고
자유분방 기상천외의 옥순봉을
예로부터 소금강이라 불러온 것이다
선착장에서 유람선을 타고 청풍한 벽루에 이를 때

구담봉(龜潭峯) 옥순봉을 볼 수 있다

호숫가에 슬픔을 안고 수몰된 마을을 떠나
실향민들의 마을 자랑비※가 있다

장회리(章回里) 이산 현존 주민이 세운 비문에는
율곡 선생이 이 고장을 장회라 이름 짓고
토정(土亭) 선생 흙집 짓고 토정비결 만든 마을

"단원(壇園)이 그린 '옥순봉'은 보물로 지정되고
설마동(雪馬洞)의 백설
적송(赤松) 제비봉이 반기누나
……
장회란 이름만은 내 가슴속에 한이 되어
자랑스러운 우리 마을 영원히 못 잊으리"

※ 마을자랑 비문은 20행으로 되어 있음. 1992년 8월 20일 실향민이 세움. 토정비결은 토정 이지함(李之菡)이 지었다 함.

※ 동정호 : 중국 호남성에 있음.

해무(海霧)

손꼽아 해를 두고
찾아온 홍도
가랑비 오듯이
기암괴석 아래로
해수면에 잔뜩
해무가 서렸다

카메라로 잡고 싶은 절경
해무가 끼어 안타깝다
모처럼의 기회
꿈은 산산히 부서지고 실망은 추억으로

보석같이 아름다운 홍도
꿈같이 흐린 황토빛깔의 기암괴석
다시 찾을 생각을 안고
카메라를 접어 넣어야 했다

제6부

자기실현

홍엽모옥(紅葉茅屋)

시인(詩人)

밤하늘에 흐트러진 무수한 별들
그 별을 쳐다보며 시(詩)를 쓰고 싶다
"문장은 이태백(文章李太白)"
"명필은 왕희지(名筆王羲之)"
유몽시절에 이 10자를 머리를 꾸벅이며
하루 종일 읽고 썼다

"인간만사 새옹(塞翁)지마"
길흉화복이 돌고 돈다
예측하기 어려운 세간사(世間事)
인생삼락※은 우리들의 행복
나무와 달을 보고 시를 쓰고 싶다

강과 산 비 바람 구름을 벗삼아
창해(滄海)의 붉은 노을 바라보며
우물(尤物)을 멀리하고 시를 쓰고 싶다
시를 "살아생전의 자신의 광채"라고
평한 시인※이 있다

※ 김성탄(金聖嘆) : 1661년 중국 청나라의 평론가.

※ 인생삼락 : 부모가 생존하고 형제가 무고, 하나님과 사람에게 부끄럼 없고, 천하의 영재를 가르치는 일.

생과 사

입장할 때는 순서가 있지만
퇴장할 때는 순서가 없다
자신의 의지가 필요한 시기가 왔다

기력이 다해
자기 인생의 마감 방식을
결정하는 "유언장"을 만들어
대기하는 것이 절실(切實)하다

인생의 종착역을
본인이 지각할 수 있는
뇌졸중 각종 암
본인이 인식을 못하는
'치매' 가장 무서운 병이다
치매환자는 가족 중 열외이다

치매환자를 수발하다가
어떻게 할 도리가 없어
자정 무렵에 업고 나가

양로원 문전에 버리고 가버린
근친 가족도 있었다고 한다

아픈 장수는 축복이 아니다
가족들에게는 물심양면의 걱정거리다
미덕이 될 수가 없다
노인들의 수명은 계속 늘고
경제상황은 어렵고 자녀에게 부담이 된다

인공적 생명 연장의 기능을 떼고
자연사하도록 권장하는 것이
병원의 실태이다

로맨스그레이

내 노래는 바람과 같이
하늘로 올라가 여운을 남기고
방랑자의 가슴을 외로움에 잠기개ㅔ 하여
끈 떨어진 지연(紙鳶)이 되었다

누구를 위해 저 종소리는 울리는가?
꿈같은 세월은 흘러 흘러 90년 성상(星霜)
짝이 그리운 것은 우리의 운명인가?

궂은비에 젖는 아픈 가슴
외쳐 불러보는 그대의 이름
정마저 지워지겠느냐? 나를 두고 간들

아! 내 청춘은 온데간데없고
어둠이 깔려 천지가 혼돈상태(混沌狀態)일세
서리 내리는 밤 기러기만 탓하랴?

아! 내 인생이여 급변하는 이 세상이여
불확실한 세상 컴맹은 기막힌

아이러니에 빠져들고 있다

고국 산천은 철따라 변함이 없는데
외로운 마지막 한 잎새를 바라보며
눈물 흘리는 로맨스그레이는 슬프다

세상의 종말은 어디인가?
과학과 물질문명의 발전은 어디까지인가?
인생의 오묘한 진리는 다 알 수 없네

물질과 과학 그 이면의
삶의 애환
인간의 애정 교류의 참맛은
영원한 인간의 진리이고 내 삶이다

누드(nude)

화가(畵家)들의 지고지순한
아름다움을 누드에서 찾으려고 시도한다

벌거벗은 여성의 아름다운 모습을
맨처음 화폭에 담은 한국의 화가는
누구일까?

단원 김홍도 혜원 신윤복에게
그 가능성은 찾을 수 있지만
근대 미술의 선구자인 춘곡 고희동 화백이
아닌가싶다

착의이건 탈의이건 옷의 의미가 무엇인가?
폭넓은 조형세계 구축하는데
옷벗은 사람을 그린다고
그냥 누드화가 아니다

화가들은 왜?
여인의 누드화를 그리느냐고 묻는 질문에
“남자화가이니까 여성누드를 그렸겠지…”
“여류화가일 때는 씩씩한 남자누드를
그렸을 것이다“라고 대답했다

내일을 위하여 오늘을 산다

오다가다 만난 사람
세상이야기 하다보면
정담이 오고가
통섭의 프로세스가 된다

눈만 뜨면 헷갈리는 세상
인생은 고달픈 한줌의 모래알
속마음 떠보려고
건네준 사연 가시밭길이 되어

사라져간 꿈은
회상(回想)의 고삐를 감추고
포옹할 수 없는 심정에 싸여
물거품이 되어버렸네

꿩 대신 닭인가?
채워지지 않는 내 마음
한사코 만류(挽留) 하는 그대
세월 따라 흐르는 '정'은 어이할꼬?

이 풍진(風塵) 세상

해와 달과 별이
뜨고 지는 이 풍진 세상
산천초목이 속삭이는 소리
젊은 세대는 늙은이들을 이해 못한다

세상의 급진전하는 변화
새 것을 추구하고
낡은 것은 돌아보지 않는 세상
그 속에서 피어나는 젊은이들
날로 변천을 거듭하고 있다

어떻게 하면 새사람들에게
새 마음을 충족시킬 수 있을까?
새 일을 감당하는 새 일꾼
만남과 그리움 해후상봉(邂逅相逢)은
인생의 전부는 아니다

동경(憧憬)

가슴에 고여 있는 애틋한 그리움
옛 추억의 멜로디가 나를 울린다
소리 없이 열풍이 다가와 잠 못 이루는 밤
라디오에서 흘러나오는 감미로운 멜로디
심금을 울리는 노래 가락에 젊은 귀가
아무도 모르게 내 가슴을 두들긴다

홀로 있어도 어깨가 으쓱으쓱
손만 대도 툭 터질 것 같은 애틋한 마음
우수(憂愁)에 잠긴 눈물의 블루스인가?
너를 감싸 안고
오색등불 밑에서 춤을 추어보자
가슴 속에 고여 있는 사랑을 담아

하늘이 내려주신 우리들의 행복
너와 나의 입맞춤
영원한 사랑은 내 생애의 행복
둘이서 거닐던 황홀한 이 고갯길은
그리움의 갈증이 장미꽃 향기로

다가오는 천국의 계단이 있어…

그리운 나의 능소화※야!
바람결에 실려 오는 그대를
안고 가리라
그대는 나의 운명
영원한 나의 동반자

※ 능소화 : 낙엽만목. 중국이 원산지인 관상용 식물. 여름에 넓은 깔때기 모양의 황홍색 꽃이 핀다.

이승을 떠날 때

인간은 자신의 죽음을 아는
하나밖에 없는 생물체
죽음은 떠나기 싫은 여행
'나는 죽는다'고 생각해 보았는가?

죽음 앞에 두려움을 느끼지 않는
사람 드물다고 한다
지금 내가 죽는다면 과연 어떻게 할까?
사망과 임종의 다브다(DABDA)※
5단계 모델을 생각하게 한다

개개인의 죽어가는 과정은
다르다고 한다

※ DABDA의 5단계
1. 부인 : 죽음을 받아들이지 않는다.
2. 분노 : 왜 하필이면 나야? 하고 정서불안정.
3. 거래 : 하나님께 생명의 연장을 부탁.
4. 우울 : 상실감에 젖는 인생의 마무리
5. 수용 : 죽음을 가까이 수용한다.

운명(運命)의 여진(餘塵)

내 나이 90을 넘고보니
수한(壽限)에 10년을 더 산 셈이다
잘 먹고 잘살아온 인생이나
역경을 이겨내는 파란만장한 인생이라
운명의 여진은 따르는 법

어두운 생의 흙먼지 속에서
우러러 하늘을 바라보며
덧없이 살아온 인생!

타고난 길흉화복(吉凶禍福)은 다르지만
자기의 운명은
자기가 개척하는 법

이제 무엇을 바라겠는가?
운명의 여진을 털고 새날을 맞이하여
나만의 여생의 즐거움을 찾아가자

인연

한없이 고이는 눈물
닦아도 닦아도
나를 울먹이게 하는 그대

가슴앓이 내 청춘
태워도 태워도
나를 애태우던 그대

그리움에 젖어
달래도 달래도
내 영혼을 흔들던 그대

제7부

시집평설

■ 시집평설

기도의 베틀로 직조한 행복과 오늘 그리고 내일

박진환
(시인 • 문학평론가)

1. 전제

행복하다는 것은 사전적인 의미로 '욕구와 욕망이 충족되어 만족하거나 즐거움을 느끼는 상태' 또는 '불안감을 느끼지 않고 안심해 하거나 희망을 그리는 상태, 곧 좋은 감정의 심리적인 상태 및 이성적 경지'를 의미한다. 그러나 행복하다는 것과 행복이라는 의미는 극히 주관적일 수 있다. 행복은 단순히 개인의 문제일 수도 있지만 관계의 문제일 수도 있기 때문이다. 특별히 관계의 문제일 경우 그 관계는 주변의 사람에 대한 관계, 환경 및 자연물과의 관계 등 대인(對人), 대자(對物)로 나누어 질 수 있으므로 행복은 대단히 복잡한 상태 또는 상태적 지속으로 말해질 수 있다.

신앙인들에게 있어 '행복'이라는 단어는 훨씬 쉬운 방법론으로 제시될 수 있다. 그 한 가지 방법이 대신(對神)의 관계에 있기 때문이고 그 방법으로 '기도'를 사용할 수 있기 때문이다. 일반적으로, 기도를 통해 신적인 존재와 나누는 대화는 그 신적인 존재가 자연 세력이든, 인간행위의 수호자이든, 조상이든, 만물 가운데 최고의 세력인 절대자이든, 하늘의 신이자 창조주이든 간에 일상적인 사회접촉과 똑같은 방법으로 이루어지기 때문이기도 하다. 따라서 기도에는 '아버지', '어머니', '주(主)', '왕' 절대자와 같은 호칭이 쓰이며, 마찬가지로 죄의 고백, 간구, 감사, 찬송, 예물에 대한 말, 기도 응답에 대한 약속(서원)을 전제할 수 있다.

특별히, 크리스천들은 성경 골로새서 2장 2절, 4절을 통해 "기도를 계속하고 기도에 감사함으로 깨어 있으라/그리하면 내가 마땅히 할 말로써 이 비밀을 나타내리라"는 대화를 통해 관계를 통한 행복을 경험할 수 있게 한다. 그러므로 행복은 단순한 정적인 상태 이상의 동적인 지향성이 내재되어 있는 것이라 할 수 있는바, 관계성과 융화성 그리고 연결성 등을 고려할 때 하나의 천 또는 헝겊을 직조해 내는 '베틀'의 과정을 거쳐 탄생한 결과물로 의미를 잇대어 볼 수도 있게 된다.

어린 시절 밤새도록 달그락 달그락 베틀을 밟으시던 어머니의 뒷모습과 베틀 소리에 잠이 들고 잠이 깨던 회상은 어쩌면 행복을 직조해 내던 우리의 삶, 행복을 추구하는 이들의 끝없는 기도와 노고와 간구가 엮어진 지향으로 빗대어 볼 수도 있으리라.

모양에서부터 베틀은 2개의 누운다리에 구멍을 뚫어 앞다리와 뒷다리를 세우고 가랫장으로 고정시킨 것, 여기에 앞다리에는 아래쪽에 도투마리를 얹고, 위쪽 용두머리에는 나부산대를 길게 연결해 그 끝의 눈썹노리에 잉아를 걸어 잉앗대는 말코에 걸어 부테로 모이며, 부테허리는 뒷다리 위에 얹힌 앉을개를 앉은 사람의 허리에 두르게 되어 있는 모습에서 기도하는 모습과 유사하다는 꽤나 상징적인 비유를 찾아 낼 수 있다. 또한 씨실과 날실의 원리를 통해 하나의 천을 만들어 내는 지향은 무엇을 소재로 하여 기도하며, 어떤 기도를 함으로 그 행복의 잣대를 삶에로 조망할 것인가 하는 점에서 직관적이라 할 수 있다.

시간을 밟고 일어선 시인의 시를 통해 기도의 베틀로 잘 짜여진 행복이라는 따스한 느낌과 포근한 느낌의 천 한 조각을 시를 통해 만져보기로 한다.

2. 기도의 베틀로 직조한 행복과 오늘 그리고 내일

2-1 기도의 베틀, 행복

김봉렬 시인의 시집 『행복한 기도』는 6부에 나누어 총 82편의 시를 수록하고 있다. 시인은 이 시집을 상재하기 전 시집 『황혼의 엘리지』를 통해 감성과 이성이라는 힐링을 지향한 언어와 이미지의 형상화를 통해 시인 스스로가 고백한 것과 같이 '지금 당면한 시간을 즐기자'라는 희망의 형상화를 제시했다. 이제 시인은 희망을 넘어 '행복'을 언어적 화두로 제시하면서 희망의 메시지를 구체적으로 풀어낼 준비를 하고 있다. 개인적이거나 협소한 행복이 아닌 나누고 함께 하는 공동체적이며, 공유적인 상징을 넘어선 지향으로서의 행복을 이야기하고 싶어 한다.

시를 제시, 시인의 행복을 공유해 보기로 한다.

빛이 없으면
생명이 존재할 수 없다
어둠이 죄의 상징이라면
빛은 거룩한 순결의 상징이다

– 「빛」 중에서

이 세상 끝나는 날까지
“너희와 함께 하시리라”는
말씀 붙잡고 나가게 하옵소서
십자가를 붙들고 승리하는 삶이
되게 하옵소서

-「골고다의 언덕」 중에서

있는 그대로 감사하고
순종하는 마음으로
이 땅에서 복을 받도록 하자

-「주님의 마음」 중에서

신앙의 새로운 변화
내게 유익이 되는 기도
예수님은 우리의 주인이시다
삶의 현장에서 말씀을
실천하는 성도가 되자

-「우리 시대의 믿음」 중에서

기도는 우리의 필요를 공급하며
중보기도의 열매를 얻는다

하나님과 교제로 마음의 영적인

편안함을 얻는 것이 행복한 기도이다

-「행복한 기도」 중에서

행복은 존재로부터 출발한다. 존재의 출발은 '어둠이 죄의 상징이라면/빛은 거룩한 순결의 상징'이라는 명쾌한 논리적 정의로부터 출발될 수도 있다. 이러한 정의는 정체감에 상응한다 할 것이다. 그러기에 '"너희와 함께 하시리라"는/말씀 붙잡고 나가게 하옵소서/십자가를 붙들고 승리하는 삶'에 대한 확신과 지향 그리고 그에 수반되어지는 삶에의 관조가 출발을 넘어서서 생의 흔적들을 나타내 주는, 삶의 모습들을 드러내 주는 이미지가 되어주게 된다. 그래서 시인의 행복은 '있는 그대로 감사하고/순종하는 마음으로/이 땅에서 복을 받도록 하자'는 현재적 삶에 대한 순응과 그 순응 속에 잘 녹아내려진 과거에의 관조를 만나게 한다. 그리하여 '신앙의 새로운 변화/내게 유익이 되는 기도'는 더 이상 과거적이지 않고 행복이라는 따스한 한 조각의 헝겊, 이것을 통해 삶을 보듬을 수 있는 미래적이며 지향적인 기도의 베틀이 달그락 거리며 움직여지는 모습으로 만나지게 된다.

'예수님은 우리의 주인이시다/삶의 현장에서 말씀을/실천하는 성도'가 되길 꿈꾸며 행복해 할 때 시인의 고백처럼 행복한 기도를 만나게 되고 관계되어지고, 공유되어지는 유기적인 생명력을 통해 '기도는 우리의 필요를 공급하며/중보기도의 열매를 얻는' 결과를 나타내기에 이른다. 더하여 '하나님과 교제로 마음의 영적인/편안함을 얻는 것'이라는 기도의 베틀에서 만들어진 '행복'과 만나게 된다.

2-2 행복의 직조, 내일

기도의 베틀을 통해 만나게 된 한 조각의 '행복'은 직조의 과정 가운에 부딪치며 기대되어지는 상태적인 '내일'을 간과할 수 없게 된다.

> 꿈을 간직하는 내일
> 생기에 넘치는 내일
> 순간에서 영원으로
> 모든 것을 걸고 기다리는 내일
>
> -「내일의 꿈」 중에서

> 별빛이 흐르는 밤에도
> 대자연의 움직이는 소리를 들어보자
> 아름다운 태양은 우리를 지키고
> 빛나는 태양은 우리를 보호하고 있다

-「오! 나의 태양」 중에서

마지막 스핀을 마무리하는 순간까지
온 겨레가 숨을 죽여가며 마음이 졸였다

-「돌아온 연아의 선물」 중에서

가슴 속에 움트는
쑥스러운 사랑의 노래
울렁거리는 고동소리
어쩌면 좋아
귓속말로 전해지는
그리운 노래
순정 때문에 울지 않아요

-「첫사랑」 중에서

여기서도 저기서도
남은 알지 못하지만
감도는 그리움의 흔적
영원히 지워지지 않는다

-「따뜻한 숨결」 중에서

정적인 상태가 동적인 상태로 변형될 수 있는 것은 '꿈을 간직하는 내일/생기에 넘치는 내일/순간에서 영원으로/모든 것을 걸고 기다리는 내일'이라는 지향에 대한 '여기서도 저기서도/남은 알지 못하지만/감도는 그리움의 흔적/영원히 지워지지 않는다'는 감싸안음 또는 보듬기가 전제되기에 이른다. 그래서 미래는 과거의 자양분 가운데 피어난 아름다운 꽃 또는 열매일 수 있게 된다. 숨길 수 없는, 지울 수 없는 추억의 한 자락이 직조의 베틀로 들어가야 또 다른 미래의 한 자락과 엮어질 수 있기 때문이다.

그렇다. 미래는 지극히 일상성을 반영하고 있다. '별빛이 흐르는 밤에도' 또한 '아름다운 태양은 우리를 지키고' 있다는 것이며, 작은 떨림 속에서 '마지막 스핀을 마무리하는 순간까지/온 겨레가 숨을 죽여가며 마음이 졸'이는 경험이라는 일상의 끈과 연결되어 있는 것이다. 그러므로 '여기서도 저기서도/남은 알지 못하지만/감도는 그리움의 흔적/영원히 지워지지 않'는 그것이 '눈을 감아도 떠오르고/눈을 떠도 떠오르는 노래'로서의 미래이며, 시인에게 다시금 다가 선 '사랑은 표현해야'하는 것과 같은 미래라는 등식과 잇대이게 된다.

2-3 행복의 직조, 오늘

미래를 꿈꾸는 시인은 그래서 행복한 오늘이 있는 것이며,

행복한 오늘의 기도를 채워가고 있기에 이른다.

항수에 젖은 날개를 접고
가슴 뛰는 한 마리 새가 되어
지우지 못하는 고향산천
그리움과 서러운 마음 뉘가 알아줄까?

–「그리운 고향」 중에서

멀리 들렸다가 가까이 들리고
가까이 들렸다가 멀리 들리는 다듬잇소리
밤하늘에 가득히 강약 장단 맞추어
어쩌면 이다지도 듣기 좋을까?

–「다듬잇소리」 중에서

노필로 동백꽃을 그리다 보면
문득 생각나는 누이와 동생
울밑에서 소꿉장난하던 시절이 그립다

–「동백」 중에서

애착은 끝없어
사랑하고 내 곁에 두고 싶지만

오늘만 오늘만 또 오늘만 하다가
달이 가고 해가 가고 마음은 초라해진다
-「책과 인생」 중에서

수평과 수직으로 움직이는 바람
연둣빛 나뭇잎에 이는 바람은
내 마음을 흔들어 놓고 가는 바람
가슴에 차 저절로 시원해진다
-「인생과 바람」 중에서

민물에서 바다로
바다에서 민물로
연어의 체액과 물속의 염분 농도가
평형을 유지하여야 한다
-「연어의 모천 회귀성」 중에서

꿩 대신 닭인가?
채워지지 않는 내 마음
한사코 만류하는 그대
세월 따라 흐르는 '정'은 어이할꼬?
-「내일을 위하여 오늘을 산다」 중에서

시인은 '채워지지 않는' 오늘, 그 갈망의 목마름으로부터 '한사코 만류하는 그대'의 손길을 그리워하면서 '세월 따라 흐르는 '정'은 어이할꼬?'라고 설의한다. 그 마음엔 행복의 직조인 한 가닥 오늘을 살아내는 시인의 정체성에 대한 진지한 돌아봄이 있기 때문이며 '향수에 젖은 날개를 접고/가슴 뛰는 한 마리 새가 되어/지우지 못하는 고향산천'을 날며 '그리움과 서러운 마음 뉘가 알아줄까?'라고 메아리를 토해내게 된다. 더하여 '멀리 들렸다가 가까이 들리고/가까이 들렸다가 멀리 들리는 다듬잇소리'를 기억하며 오늘, 펄떡이는 심장소리와도 같은 '밤하늘에 가득히 강약 장단 맞추어/어쩌면 이다지도 듣기 좋을까?' 하는 회한과 감탄을 쏟아내기도 한다.

그러나, 현실이라는 오늘은 '수평과 수직으로 움직이는 바람'처럼 '연둣빛 나뭇잎에 이는 바람'처럼 '내 마음을 흔들어 놓고 가는 바람'처럼 '가슴에 차 저절로 시원해'짐을 허락하고 있기에, 행복이라는 큰 조각의 천을 기대하는 직조의 움직임은 언제나 '평형을 유지하여야' 하는 오늘을 살게 하기에 이른다. 그곳은 '민물에서 바다로/바다에서 민물로' 끊임없이 살아 펄떡이는 오늘이며, '연어의 체액과 물속의 염분 농도'가 같아져야 하는 우리 인생과 삶의 현재성이며, 현장성인 것이다. 그럼에도 오늘은 '저절로 시원해'지는 행복의 자락을 내보이고 있는 것이다.

3. 결어

시인은 시집 중간 중간 이미지로 표현한 것 이상으로 '인생 삼락은 우리들의 행복/나무와 달을 보고 시를 쓰고 싶다'(「시인」 중에서)며 행복한 내일을 그리고 있다. 그리하여 '기도의 베틀'로 짠 따뜻한 직조를 통한 행복을, 행복의 따스함을 아낌없이 내놓고 있다. 그것은 '오늘 그리고 내일'이 함께 어우러져 빚어내는 삶의 현장성이며, 생의 진정성이 수반되었기에 가능하게 된다. 그래서 시인은 '내 나이 90을 넘고 보니/수한에 10년을 더 산 셈이다'라고 피력하면서 '이제 무엇을 바라겠는가?/운명의 여진을 털고 새날을 맞이하여/나만의 여생의 즐거움을 찾아가자'(「운명의 여진」 중에서)는 간절한 바람으로 시집 『행복한 기도』의 직조를 갈무리하기에 이른다. 김봉렬 시인의 행복한 기도가 더욱 행복한 울림으로 읽는 이들에게 따뜻하고 생명력 있는 행복의 충만을 경험케 해주기를 기대하며 또 그럴 것으로 믿어본다.

•

김봉렬 시인의 호는 청봉이고 광주사범학교를 졸업 후 38년간 교직에 종사하면서 화업을 겸한 화가이기도 하다. 국민훈장 석류장을 수상했으며 원로작가 초대전, 한국미술협회 회원전 등을 가졌으며 한국미협 회원, 한국문협 회원으로 활동하고 있으며 제1회 노원미술상을 수상했다. 시집에 『유몽시절』, 『크리스마스트리』, 『황혼의 엘레지』와 『행복한 기도』가 있다.

•

행복한 기도

2013년 10월 15일 인쇄
2013년 10월 20일 발행

지은이 / 김봉렬
발행인 / 박진환
펴낸곳 / 조선문학사
등록번호 / 1-2733
주소 / 110-092 서울 서대문구 홍제2동 96-4
대표전화 / 730-2255
팩스 / 723-9373

ISBN 978-89-98115-35-7

정가 10,000원